최나리 님께

2016.5.16

曺 [illegible] 드림

공수래 병수거

조규춘 시집

시와사람

국립중앙도서관 출판시도서목록(CIP)

공수래 병수거 : 조규춘 시집 / 지은이: 조파람. -- 광주 : 시와사람, 2016
p. ; cm. -- (오늘의 시와사람 ; 087)

ISBN 978-89-5665-458-4 03810 : ₩10000

한국 현대시[韓國現代詩]

811.7-KDC6
895.715-DDC23 CIP2016010556

공수래 병수거

■ 自序

말이 넘치는 시대, 이순에 이르도록 거침 없이 말을 쏟아 냈다.

교직에서 명퇴한 아내와 함께 평생 교육원에서 우리 춤, 명심보감, 시창작을 공부한것이 시에 입문한 계기가 되어 첫 시집을 펴내게 되었다.

선산에 돌비 시스템을 장만하고 훗날 자서전 한 권 남기는 것이 나았을 것이라고 말씀 하셨던 아버지가 돌아가신 후 발견된 평생일기는 우리집의 家寶다. 또한 살아 가는데 힘이 되고 있다.

나만의 삶의 방식과 무관하지 않은 글들이 시가되고 노래가 되는것이 쉽지 않은것을 나는 잘 안다. 그럼에도 궁구하고 새로운 상상력을 발현하고 싶다.

"인세는 언제쯤 받을고……,
아내가 한 마디 하는데, 맞벌이 부부의 독립 성향으로 평소 참견 아닌 무관심이 되레 힘의 자유가 나를 키웠다.

말고삐 풀릴까 철렁해지는 밤.
초등학교 때 손수 필사하신 『推句』를 읽히신 아버지께 시집을 들고 달려가야 겠다.

李春절

4평 역에서
1

그떡하면
2

3 노을꽃

4 無心는다

1

4평 역에서

강으로 흐르는 영혼

이승에서 하루 뿐이다
찌는 더위에
여행객들이 서둘러 강가로 나오는데
떠나는 망자, 울긋불긋 화장을 하고
꽃목걸이도 둘러있다
마지막 식사가 끝나면
장작배 안에 누워 홀로 떠나야 한다

네팔, 파슈파티나트 사원의
불 속에서 이승의 흔적을 지울 때
불쑥 내미는 손에 놀래며
사바같은 뿌연 연기속을 숨죽여 돌아다닌다

생을 일구웠을
망자의 손이 불타는데
내 손은 무심하게
카메라 셔터만 눌러댄다
관도 상여도 없이
어머니의 강 갠지스로 떠나는 망자
마음손 흔들어 전송한다.

큰 소나무

무등산 기슭 화엄마을,
큰 어르신
품안에서 자란지 500년
둘이서 양팔 벌려 꽉 껴안으니 만땅이다
나이 들수록 속이 허해지는 법인데
애간장 태운 인고의 세월
허투르게 버리지 않고
화엄에 들려는지
켜켜나이 실한 정신 쌓였다

비바람에 꺾인 가지의 상처 아물었지만
눈물처럼 흘린 송진 견고하게 굳었다
부풀어진 몸뚱이 속은 알차고,
창공에 내민 푸른 정신 그늘을 드리우고
붉은 빛의 몸매 실하니
무등 아래 더욱 빛이 되어
환환하다.

씨 감자 氏

천장에 매달린 샹들리에처럼
땅속에 주렁주렁 떼붕알
거름거름 땅심에 땅킹콩!

젓가슴 앞 양손에
이쁜 넘 미운 넘 고만고만한 넘
줄줄이 사랑랑(♡穰穰) 매달렸다

크다만 새끼들
큰 넘 등쌀에 떨어져 나간 붕어알
오리밥 되어 오리알 될까만

호미손 한 줌에 쥐일 듯 골라골라
한 소쿠리 씨감자
곳간에서 한 동안 움추리다 움 트면
칼로 네 쪽 모내어 재뿌린 종자

씨가 조각나 씨가 되는 또 다른 씨족
그 정성 아픈 듯 시린 듯
파란 몽골 반점 안은

家和太平姓氏

모내기철
새참 상에 오른
하지 감자.

무등산 뉴 푸랭이

속은 빨갛다 못해 노랗게 익어갔다
검은 늬 대신 하얀 늬 쏟아내는
서릿발 속살 향기, 젖살로 키웠다

어머니 허리에 한 줄기 한 덩치
여름내내 땡볕에 홀로서기
서늘한 갈바람에 탯줄이 잘린다
34kg 슈퍼 우량아
비닐하우스에서 석달보름 지내고
고관 대작집 찾아가는 명품
본래 조상은 쭈굴 토실 매끄럽지 못한
20kg가 최고 진품이었지만

멧돼지 피해 인큐베이터에서 자란 수박
추석절 다가오니 냉해 보다는
산짐승에 냉한이 서렸다
뉴 푸랭이, 대박이라고 소리치지만
무등의 푸른 하늘을 바라보던
선한 눈빛의 조상이 그립다.

뽕뽕다리

아주 가깝고도 먼 옛날
뽕뽕다리 밑에서
무릎과 무릎사이를 구경하다
오줌벼락 맞았다는 작자가 있었으니
그 이름, 박방원*.
미니스커트 아가씨
히루와 핸드백 양손에 들고
맨발 엉거주춤하다가
뽕뽕다리 중간쯤 건너갈 쯤
다리 밑에 달려온 방원일행,
올려보며 희희낙락거리자
아가씨,
엉겁결에 오줌을 발발 발산했다해서
발산다리라 했다는
지린내 나는 이야기.

*박방원 : 한희원갤러리 뽕뽕대문 건축디자이너.

무이암차

무이산 암벽 아래 협곡
본시 태양 아래 태어났건만
크는 둥 마는 둥 촉만한 것들

암벽사이 척박한 땅에
사철 푸른 듯 하얀 듯 이끼옷 걸치고
불그스레 촉트인 小種차나무

白松 가지의 薰煙香 피어 오른
香기 淸아한 甘미에 活력 넘치는
正山소종이 홍차의 으뜸이라면
명품으로, 말도 많은 大紅袍茶

20g에 3,500만원
한 봉지라면 1억이 훗가한다는 것
억장이 무너진다.

세한도 시시비비

유배지 앞
거대한 판자집 창고
검은 그림자 드리우고 우뚝 서 있다

'館史秋' 지하 입구에 들어서니
세모지붕 아래 둥그런 창
네모 벽에 걸린 추사의 영혼 담긴
마지막 글씨 '殿板'
흉상은 둥근 천공을 바라본다

창공의 빛이 조명을 더 하지만
추사관과 판전이 거꾸로 쓰이듯
세한도의 원형 통로가 창구로 둔갑하니
추사의 추상이 완당의 완성인가

돌담장에 탱자울타리 울울이 울 쌍이다
담장 아래 청초한 수선화
화 난 듯 꽃잎 뚜뚜 나발 분다.

똥이 돈 벼락

개똥물도 약이 되던 시절
탐라국 말똥은 돌담집에 방수벽 桼 되고
비 바람피해 찾아온 말벌, 독살 針 가졌으나
벌꿀은 보약, 벌똥은 옷감에 황금색 입혔다

인도 소똥은 자연德스런 땔감이 된다
천연德스런 화덕에 개떡,
구수하기만 하다

하늘나라에서 표적 삼아 내던진 돌
달빛에 발광하는 속내 모른 비닐하우스
대박을 꿈꾸는 사람들 구름처럼 몰려온다
날아온 별똥은 대박
아니면 피박 殺이다.

붉은 침대

하늘 붉게 물든
석양 무렵
빨간 마후라
하늘을 주름 잡다
편대비행 줄줄이 공중급유

붉은 잠자리
하늘을 수놓다
꼬리붙어 공중곡예

고공 플레이 고수들
공중 비행하는
침대가 된 하늘

공중에서
잠자리
빨간고추 잠 자리
침대가 붉어진다.

시 익어가는 시

가실이 성큼
과수가 상큼
과실은 달큼

그린 그림
쾌하니 상쾌
시상은 명쾌

싱싱한 과일 빛 그윽한 향기
요상한 魔잇!
이리저리 얹어주는 설레임
달달한 벌꿀향초
달콤 色콤
氵舌氵舌 설레인다

사탄 사과 맛
好평에 口口절口통
줄줄이 곶감 맛
久久절久질

주름진 대추
단란한 밤
도란도란 덕담이 배가 되는 시방

시시로 익어가는 시 두루 모아
은행알 수셈하 듯
한가윗상 차려볼까.

시평회 한 접시

조찬은 자리
詩는 멋으로 즐거워야 한다
만찬은
입맛으로 찬찬해야 한다
시는 배로 배불리는 만땅이 아니다

만찬에
만담이 멋으로 사로잡으니
만찬이 말 참이다
참말 고운 말, 잔말 미운 말
나我 난亂말 해도 웃어대긴 시종일聒

배짱이 배고플 망정
노 교수의 노련한 노망스, 논스톱~論
조련사 조타수 좋을詩句

시평회는 씹고 씹어도
만원에 만찬이다
개평도 배가되는 만땅
회 한 접시 추가.

사이

가시 많은 나무
하얗게 꽃피우고 향기 뿜으니
벌 나비 찔리지 않고
찌르지도 않은 탱자가시, 사이

뱁새떼 찾아들어 휘젓는, 사이
가시에 긁혀 퍼렇게 멍든 탱자
고통을 참으니
향기로 가득찬 노란 열매.

4평 역에서

예정된 시간
부산나게 나선다
확트인 신 역사, 먼저 들른 곳
기다림은 딱 4분

쾨쾨한 젓비린내 나던 시절
침 뱉어야 제 얼굴 광빨나던 두 짝
맞선 아닌 엽선의 빨간 구두가
침은 더 달콤했으리라

전광판 문자가 바뀌고 들려오는 4개국 말
글로 벌이다
자취방 이불속 광석라디오 이어폰 시절
귀지가 귓속을 가렵히듯 가렵다

네 평 박스를 신 바람나게 나선다
따각따각 빨간 구두굽 따라
플랫폼 계단은 층층이 높아도
걸음빨 선다

기차게 떠난다
지금, 쾌적한 침대 위에서 뭉그적
몽상적 풍경을 사색한다.

茶宣子

손가락처럼
찻잎이 열 잎이다
차 茶, 열 획수
나무木 위에 나눠진 이파리 위에 또 다른 잎새들
손에 손손 거쳐 열두 번도
咽咽 氵舌 氵舌 舌來人茶

I T 산업 속에 I Tea 문화
茶가 가서 가르치는 차 예절
말보다 차차로 하나 되는 다담

차 타고
꿈꾸는 소녀 가장 찾아간다
치맛자락 구름 스치듯 사뿐히 나부끼고
굽있는 듯 버선걸음 살포시 내딛고
두 손에 마음 손 하나 더 얹어

'차 드십시다'

차 베푸는 茶宣子

한국차문화 이끄는 어진 향기
이 貴Tea 나는 禮도*
Tea 내는 예T켓
그 향기 茶茶손손 그윽하지 않겠는가

*李귀례 : 전(사)한국차문화협회 이사장

고귀한 이별

목련꽃 망울!
읍소라도 하듯 고개를 북쪽으로 향하고
눈총으로 상소라도 하듯 붓촉이 된다

마파람이 남쪽을 향해 배를 불리자
촉들은 북쪽으로 고개를 돌렸다
하얀 먹물을 듬뿍 머금은 채
붓들이 남쪽을 보고 글을 쓰려 한다

바다 소식 들으며 붓이 行草로 너울거릴 때
가시 돋친 북풍, 하얀 꽃이파리 누렇게 적신다
누런 꽃이파리 주섬주섬 기워 황포돛 올리자
버끔돛배 따라 강물이 바다로 들어간다
세월이 따라 잡을까

파도를 일으키는 북풍에 황포돛 찢기어 흩날린다
노란 꽃리본, 바닷물에 적셔 검붉은 빛으로 피어나면

자목련꽃 그늘, 싸늘하기 만하다.

2

끄떡하면

메아리

봄날,
아부지 아부지!
아버지는 아버지를 두 번 부르고
끊득! 끊듯 하셨다

아버지!
이젠 편히 쉬십시오
내가 아버지를 두 번 부르자
마침내 기나긴 강물 같은 아흔두 해의 생을
끝득! 끝 득도 하시는지
미동조차 멈추셨다

종달새 하늘 높이 울어대는 선영
산벚꽃 울창한 선산
어머니 곁에 모시고 돌아오는 길

!지버아 지버아
먼 산 메아리 매 아리스리 친다
문득, 아들이 나를 부르는 것 같다.

감

흔들리는 먹잇감을
장대 입으로 물기 위해
감 잡는다

잡았다
입에 물린 감,
장대 비트니 가지 꺾어지는 소리에
어머니 얼굴에 번지는 미소

묵은 가지 꺾어줘야 열리는 감
태풍에 부러져도
새 가지에만 열리는 감

어머니의 미감을 찾아
맹종죽 붓은
먹 감으로
홍시를 그린다.

어머니의 장독

허물어진 흙담 아래
사진 찍듯 옹기종기 내리 쬐는
햇볕 품고 따끈해진 가족

할머니 묵은 된장독 가운데 모시고
어머니 고추장독에 굴비 묻고 있는 그곳
작은 항아리들
삐쭉날쭉 고개 내민다

아버지 금간 장독, 동여매어 나가시고
할아버지 김칫독, 일찍이 땅에 묻히신 듯

이마에 주름살 두르고
둥글게 둥글게 굴렁쇠 문양
손가락 붓으로 그린 얼굴들

여전히 빈집 지키며
환하게 웃고 계시는 곳
장독 뚜껑을 열면
묵은 시간의 그늘 속에서

얼 비치는 조선간장 빛 그리움

작은 종지기에 정한수 떠 올리면
어머니, 그곳에 정좌해 계신다.

능금나무 그늘

저녁 무렵
녹음 우거지고
방초 푸르른
온기 사라진 텅 빈 집

마당에 앉아
풀 한 줌, 잡아 당기니
버팅기듯 땅이 나를 잡아 당겨
호미로 땅바닥을 찍는다

할머니와 어머니도
그렇게
호밋자루 떨어뜨렸겠지

마당가
다 익은 능금,
땅거미 어둑해 질 때
툭! 떨어지겠지

그때쯤 장수하늘소

하늘로 사라지고
능금나무 그늘이 지자
스산한 바람만 찾아든다.

심지꽃

봉창의 경계 밖
그을린 정제를 더욱 검게 밝히다
이즈러진 달처럼 가물거리면
검은때꼽 걷어내고 심지 올리니
꼬추 빨개진다

촉꽃이 불 아래
알밤 각치는 아버지
희미한 봉창 너머
멥밥 짓는 어머니
심짓불은 밤새 졸을고,

영롱한 불고추 자손만대 꽃고추
수탉이 울 때까지
어둠을 밝힌다

남도 보게 꽃

들녘
지천으로 널려 있는

지들끼리 저절로 자라
만날 날 만나는 것들
길가 어디선들
간들온들 피어있는 것들
한 줌 들려 안방에 들어왔다

사람들은 야생화라 한다
진경산수에 빼어나지 않지만
滔滔한 들꽃들

綿綿히 들에서 살아오신 아버지
순례야!
남도 보게 놔둬라.

떡국, 원더풀

솜고추만한 굵기
참기름 발라 윤기 반짝인다
너무 물렁물렁해도, 말랑말랑해도 안 될
꼬독꼬독할 무렵
누에고추 길이로 다박다박
맹모 칼손에 썰어지는 하얀 떡국대

가마솥에 펄펄 끓인 다음
흰둥 검은둥 석화로
푸른 바다육수 맛깔내고
붉은 당근채로 구색 맞춰
하얀 김 폴폴 솟구치면
천일염 간장으로 버풀버풀 잠재운다

검은 김 바삭 구워 뿌리고
흰자 위에 노른 계란채 얹히면
떡국에 오방꽃이 핀다

성주상에 먼저 한 그릇
열 두 그릇 선영에 올린 다음

마지막 젯상아래 이름 없는 한 그릇
떡국살 짓이겨 지방 붙이니
One, The 풀

외딴집 할머니

무등산 忠孝洞
여적지 깔끄막 윗집에 살고 계실까

오래 전부터 지붕 위에 식당 간판
'외할머니 집'

손님들마다
잘 먹고 갑니다

며느리에게 할머니 안부를 여쭈니
부엌으로 사라지며
밭에 계셔요

밭 메러 가셨다고요
밭 뫼로 가셨다고요.

그떡하면

孝靈洞 도로변
'할머니 순두부 집'
할머니, 허리 펼 날 없다

애 간 장 녹이며 홀로 자란
애물단지, 고추 장 손 개구쟁이,
개울물에 흠뻑 젖어 들어오면

으으 응 호랭이 할무니

니 에미 어디 갔냐.

아버지의 순례

농번기가 끝나면
아버지는, 자식들 일일이 순례 하셨다
둘째 아들한테 철도가족 승차권을 받아서
부천 큰 아들 집에 가면,
형수는 새 남방으로 갈아 입혔다

딸이 없는 아버지가
여동생 집에 들르면
오빠! 오셨어요, 큰절하고
항상 속내의를 챙겼다

木手 교수는 아버지의
손톱을 톡톡 깎았는데
발톱은 손톱으로 슬슬 썰었다.
모내기철 써레질 하며 부르튼,
새까맣게 부풀어 손톱깎이 입으로는 물리지 않아
톱질을 해야 했다

손아래 제수씨는 싱싱한 생선 시장을 보고
애물단지 막내는 노잣돈 챙겨드리곤 했다

셋째 아들 大木匠 집에는 안 가신지 오래다
문전박대여서가 아니다
세상 먼저 뜬 지도 모른 채
어머니 새참상에
대문 기둥감 양톱질 거들려고
이젠, 세상 소풍 끝낸 아버지는
그 동안 못 간
셋째 아들집도 순례 하실 것이다.

트라이앵글

잘 뭉치는 우리 가족은
트라이앵글이다

나와 아내는 밑변이 되고
아이들이 밑변을 주춧돌 삼아
머리 맞대고 좌우 기둥이 되면
경쾌한 트라이앵글 연주가 시작된다

언제나 아름다운 화음이 되는 건 아니다
휘어지지 않는, △
때로 창끝이 되고
칼날이 되어 불협화음이 된다

엎어지면 ▽
촉은 구덕을 파고, 숨기도 하여
아직 우리집 트라이앵글은
덜 구워진 무문토기여서
조심히 다루어야 한다

그러므로 우리 가족은

단란한 저녁 한때의 화음으로
역발상의 짓눌림이 아닌
무중력 상태로
수미산 △의 기운을 받는다

우공이산

소 따라 절반
내 맘 따라 절반
고삐 쥐고
우춤우춤
소뜯기러 나간다

이슬에 씻긴 풀잎
질갱이도 기막힌 선식
자박自拍 짜 박자 입 맞춘다

꾸벅
한 눈 팔시
우자작牛自作!

웃 남새밭, 몽창한 배차 한 폭시
홀딱 낚아챘다

人生60之計在於朝
늙은 소 여물 마다 하리.

시인의 얼굴

시집 속에는 대중목욕탕이 있다
시를 만나면 때밀이가 되는데
시인의 얼굴은 과묵하고 준엄한 표정
먹이를 겨냥한 매의 눈처럼 예리하고 날카롭다
시인의 진짜 얼굴을 보니
들꽃을 보는 듯
자연그대로의 꽃이다
세상은 술취했어도
현란한 몽타주나 몽상으로 각색했어도
세탁을 마친 옷처럼
세례를 받은 아이처럼
대중목욕탕에서 막 나온 듯
관상도 볼 수 없는
분장할 수도 없는
시인의 얼굴.

줄 타는 검무

담양 금성산성
노란 조롱박 황룡이
푸르딩딩한 애호박 청룡이
주렁 더덩실 익어간다

애벌레 먹이 찾아 꿈틀 물구나무
잠자리 날갯짓, 코브라 꺾기에 원숭이 재롱까지
나뭇가지 밧줄 매어 줄 위에서 춤춘다

쌍검무 사무라이 역사 속에 꿈틀대고
창칼 위 철퇴 아래 소림기예 암각화에 용트림 하니
쌍줄 탔던 광대 부활하리

외줄 대신 쌍줄타기
쌍검술로 도전하는 황룡 청룡
보다 못해 조파람
부채대신 양산 들고, 패랭이 대신 솥뚜껑 쓰고
장대 위에서 휘파람

얼 쑤 줄타기

엇 쭈꾸리 줄서기
물렀거라 휘~

연필

아버지 어머니는 연필 부부여서
해마다 한 자루씩 아이를 낳아
우리집 쌀통에 가득 담겼던
연필 여섯 자루
우리는 아버지 어머니가 먹고 살아갈 식량이었다

우리 연필 여섯 자루는
온 몸에 침을 발라 까맣게 길을 그리고
저마다의 꿈을 그리곤 했다
때로 뚝 부러지면 아프게 몸을 깎아
삐뚤삐뚤 글을 써나가고
푸른 언덕 위에 무지개도 그리곤 했다
그러는 사이 아버지의 연필이 뚝 부러지고
외삼촌의 연필도 더 이상 쓸 수 없게 되었는데

하얀 국화에 파묻힌 외삼촌 영종(令終) 앞에서
나를 부르는 소리가 들렸다
평교원 힐링 댄스의 익숙한 파트너가
외종매라는 것이다

제 길을 그려온 낯선 연필 두 자루
너무 늦게 만나 수 셈 헤아려 이제사 만나
어릴적 몽당연필로 그린 희미한 그림들 찾아내어
침 발라 오롯한 그림을 그린다
두go 두go 오來오來

또 다른 라인

정년을 앞두고
준비물이 나에게도 왔다
노잣돈 아닌 노비

때때로 행사 후 받은 수당
늦은 나이에 개설한 통장 번호는 기억상실
보고 적는 눈빛이 여간 어색했는지
옆에 있던 여직원이
계좌 한 줄 못 외운다고
비자금 관리 비서로 나서주랴 한다

준비물 목록에 추가사항 발생이다
딸린 것이 통장만이 아닐 것이다

퇴근 후
아내가 내 얘기를 듣고 파안대소다
女비서를 해고 했다.

3

노을꽃

일기

멜 열어보니
간밤 눈 小說小說 쌓였다
소나무에 뭉개구름 두둥실
대나무 잎에 살얼으르르
아침 눈부시니 눈안개에 젖는다

아는 길도 물어가자면
묻다가 늦어버린다고 고집 부리다가
돌다리도 두드리며 가라는 심정으로
부족함을 드러낸 미천한 시
글에 함빡 눈이 덮어 주니 포근하다
인생이 스스로 재촉하는데 왜 서둘려야하는가
아침 햇살에 쌓인 눈이 무게를 더하더니
차츰 눈 녹은 듯 눈 물 흐르니 가벼워진다.

백 8 번뇌

명옥헌
한물 두물 세물 꽃
둥근 섬 4각 연못 안 백일홍
100날 피운 꽃, 물위에도 피우더니
떨어진 꽃잎 물속에도 피우네

황금 들녘 끝 노을빛에
남은 이파리조차 황금꽃
어둠이 소스라칠 무렵
세단 전조등이 백화현상을
스마트폰 후레쉬는 불꽃놀이를

검은빛 세단이 어둠에 갇힐 때
어디선가 들려오는 옥피리 구슬픈 소리
선경세계, 황홀경에 빠지는
그때 마침 불어온 바람에
꽃잎
오嗚 피오르르
희希 도道르르.

명옥헌

담양군 고서면 산덕리 원림정원
하늘 연못 불바다
원림을 가득 매운 백일홍 꽃뜰
시인이 통유리 세간살이 하던 곳

연못 둑방 한편으로
결쭉우뚝 늘어 선 적나라한 배롱나무 몸피들
400살 노인들이 얼키설키 어울려
환호작약 신명나
죽죽펑펑 펑펑 터트린다

황소 눈 시인이 머물던 세 칸 방
천지간 맞닿은 꽃피고 지는 세월
통째 담아내며 묵묵히 반추한다

조리개 닫을수록 선명해지는 카메라
깊어지는 심도
지그시 눈 감고 시의 원림 헤쳐보는 오늘

감고 있어도 환히 열리는 시인의 눈은

장자의 나비떼를
하늘로 몸 속으로 연못 속으로
꽃사태 폭죽!
서늘히 수놓는다

대흥사 황칠나무

첫 눈 내릴 즈음
일지암 초입, 늘어서서 손 흔드는 황칠나무
손바닥 쫙 편 이파리들

산 속으로 사라지는 일행
홀로 뒤따르다 포기한 채
연리목과 초의선사 동상 앞에 다시 서니
차를 통한 인연들이 떠오른다

예전과 다른 감회, 몰려드는 새 삶스러움
계곡 반반한 암반 위
조약돌 보듬어 이목구비 구성하고
낙엽으로 콧수염 턱수염 치장 끝내자
어렵게 자리 잡는 어렴풋한 형상
우주속 내 본적 또한 저렇게 형성되었으리라

눈코입귀 틈새에 어느덧 잔설이 쌓여
스스로 완성되는 대둔산 달마와불
오르기만 하던 세상의 욕망 잠시 내려놓자
환히 열리는 기쁨

다시 만나 보리라 기원 드리는 데
문득 느껴지는 영원,
천지간에 수놓은 황칠엽 금빛 무늬들
모든 삶의 자취는 금빛으로 이력서를 쓴다.

누에 사랑

뽕잎 위 누에 두 마리
요리조리
사잎사잎
살아가는 일이 오직 먹는 일이라는 듯
온 힘을 다해 먹어 치운다

가운데 잎맥에 다다른 두 마리 누에
입이 닿는 순간
결코 비켜서지 않는다
사다리 무늬 가슴 들이대며 달라붙어
고싸움 하듯 달라붙어 치솟는다

맨 몸의 곡선이 하나 되는 일자 포옹
세상 건널 사다리 두 가슴으로 얼싸안고
떨어질 줄 모른다

각자의 삶이 만나 이루는
오롯한 기립

그대로 두고 보면

쌍둥이 누에고치
쌍둥이 번데기

그들만의 사랑이
아슬아슬 한 점 위에 버티고 섰다.

애기동백

못다 한 사랑애기
마침내 설운 흔적 없이
♡꽃잎 피우더니
수줍음 여의치 않고 까발리는 너의 속내
바람에 한 잎 한 잎 하느르 날린다

멍울지지 않은 동백꽃
너를 안았던 꽃받침마저도 하나르 날리더니
꽃사발 받침 셀 수 없구나
누가 작다고 애기동백이라
애기 못날까봐 애기 동백이라
애끼 순!

붉은 꽃 속에 노란 꽃
암술 하나에 수술 수 백수 거느리고
벌 나비 날아오지 않아도
애기열매 열려 활짝 피어나면
톡 토르르
꽃잎, 동박새 입에 물려 시집장가 가느니.

달 서리

계곡 따라 산기슭
더듬더듬 기어 오른다
화전밭 환히 내리 비추는 달
장대 없이도 딸 수 있을까

앞서고 뒤서고 밭고랑에 올라
두드린 딩실한 달덩이
만삭의 북소리
둥둥 산천을 울린다

손가락 장단에, 내가 놀랜다
놀란 가슴에 꽉 보듬은 달덩이
너울진 넝쿨 풀어
쟁반 없이도 먹을 수 있을까

달짝지은 밤 달맞이꽃
아아 밤 꽃 향기
보기만 해도 환환 보름달.

별고

어둠이 쌓이는 대지
달빛 밝게 비추겠지요
달이 사라지면
별빛 더욱 살아오고
별일 없겠지요

교각 없는 은하수에
마음을 실어 전합니다
푸른 동경을 보노라면
두 눈은 별이 됩니다

달거울에 비친
우리 양친
사무친 형제자매

달은 지고
별똥별 밤 하늘을 긋습니다
이윽고 내 영혼은
별 아래 유영합니다.

鬼木

형언할 수 없는 무성한 품새의 위용
오싹 찾아드는 기운에
오금이 저린다

하늘 향해 뻗은 줄기
손가락질 할 수 없어
끄덕끄덕 8拜로 수셈하며
부러져 잘린 가지 흔적 포함하니
어림잡아 12干支 쯤

빨치산 토벌 때
불탄 마을 빈터에 서서
상주허리 새끼줄 감고
묵언 중이다

차곡차곡 쌓아 올린 돌 제단 앞
우두커니 선 채
묵념 중,
대잎 바람소리만 스산하다.

노을 꽃

– 송수권의 「여승」에 부쳐

메줏볼 농익어 갈 즈음
주인은 들논 나락모개 주우러 나간 듯
토방 디딤돌 위엔 작은 검정고무신 한 켤레
애염히 놓여있다

도닥도닥 도 닥!
목탁소리에 인기척 없는 방문
뒤돌아서는 발걸음 좇아
석양의 긴 그림자 밟을 세라
고개 숙여 뒤따르는 고양이 걸음

돌아볼 수 없는 佛화살
여승이 마을 어귀를 막 돌아서 시위를 당기자
쏜살같이 달려오던 검정고무신
고무신짝 벗겨진 듯 깨금발 멈춘다

순간, 붉은감 확 새빨개지고
화살은 시위 손목의 염주알 풀어
태양을 향해 산탄으로

노을비단꽃 수를 놓는다

서로의 눈빛을 뒤로 한
서산 노을, 빗살이 눈부시다.

흔적

개走海辺梅花발
나로도 해수욕장
금빛 모래판에 매화가 피었다

석양에 그림자 또렷이 박히고
꽃발자국 따라
큰 발자국이 두 주먹 쥐고 있다

바닷가 산책 나온 호기심어린 강아지
파도에 쓸려갈까!
달려온 어미개의 두 발모음
뜀 발자국이 멈춰 있다

갈步沙上楓葉생
새끼 익룡 발자국은 바닷새 발자국
애기단풍 잎 수놓았다

블랙홀로 사라진 바닷게
작은 모래성을 쌓고

두문불출 하지만
성난 파도 다가와도
사립문을 닫지 않는다.

유모차 지팡이

굴러가는 지팡이

지평선 위에 매달린
해를 거듭한
노란 수레바퀴

서쪽 집
하얀 대문까지
얼마남지 않은 시간을
급할 것 없다는 듯
천천히 밀고 간다

해를 등진 채
시간의 속살 여는
황금빛 수레바퀴.

목넘어 길*

거문도 동백숲 터널 안 고개에는
어항처럼 뚫린 하늘이 있다
머리 위에 나타난 뜻밖의 물체
예고 없이 찾아든 이방인은 UFO인가

어안거울에 비친 실루엣 금붕어 가족
볼록한 어안거울, 생의 이정표인가
거울 등대는 등댓길을 비춘다

고비마다 고갯길 목이 메이지만
목넘어 길 따라 동백꽃 등불
순조로운 여로, 풍요로운 여정

삶을 위한 등대지기
동백꽃 바지게, 등에 가득 지고
시들지 않는 동백꽃불, 등대지게
쉼 없이 걷는다.

* 목넘어 길 : 바닷물이 넘나드는 거문도 등대 가는 길 지명

누 가

바다는 커다란 품안에 있어
흩어지지 않고
갈라지지 않는다

어머니 이고 가는 물동이 안
엎어진 바가지
동동! 출렁이는 바다를 잠재운다
엎어져도 가라앉지 않는
어머니 바다 바가지

커다란 바다의 통바가지가
통통거리다가
뒤집어쓰고 가라앉는다

으르르릉 獳누
층층배 艛누
틈구멍 漏누

累누 가.

每春

매화꽃 필 때
제 맛 나니 '梅生이'라 했을까
바다 멀리 맛~파람이 전하는
또 다른 매香

가늘고 새파란 물결~살
청매생이국에 핀 석화
설중매 아닌 흑매련가

세발나물이 봄기운 전하니
세멸볶음 갯내음은
홍매를 부른다.

時·詩

'깊은 산 속 옹달샘'에 갔다
군데군데 나부끼는 詩의 깃발

긴 여정의 빨간 눈
시들거리다가 자울거리다가 그만
옹알이가 옹달샘에 퐁당 빠졌다

꽃비 꽃바람에 젖고
푸른비 물안개에 흠뻑 젖었다
샘물속, 하늘에 비친 아버지
天靐日月明(하늘은 맑게, 해와 달은 밝게 보라) 하시고
깊은 숲속 어머니 땅에선
地垕草木浒(땅은 두터워야 풀과 나무에 물이 솟는다.) 하신다

도처에 속삭이는 가족이야기들
떨림 잎새에 흔들 나뭇가지는 피리소리
여기저기 돋아난 풀 촉은 쫑긋귀 기울인다
깊은 옹달샘이 어머니 품속 같다

퍼도 퍼도 마르지 않는 하늘거울 옹달샘

풍덩, 타래박질 순간,
시공을 쏜살같이 튄다
형이상학이상으로 날은다.

까치

감나무 정수리에
붉은 감 하나
까치가 여러 날 끼니삼아 쪼아댔다

시렁대 꼬챙이주렴 곶감보다
주렁 늘어진 꼭지곶감 맛이 더 좋았다
올망졸망 곳간의 홍시
기나긴 겨울밤 단내나는 새벽을 깨웠다

까치설 보내고
정월 초하루가 되면
엄동설한에 까치밥도 없으련만
언제부턴가 귀찮은 길조가
시도 때도 없이
까톡까톡, 톡톡톡톡

4

無心는다

공수래 병수거

빈 손으로 왔다고요
빚지고 왔지요
탐라도 문섬과 새끼섬
탐나서 모인 水킨 수쿠버

재주부리는 또 다른 바람
조류 속의 조루 파도
지난날 탐욕으로
내가 버린
서귀포 해안에 수장된

소주병 맥주병 코카콜라 病
가득 채워진 뻘 펄
바다 흑맥주에 흑진주다

나는 해양문화탐사대
'그린 스쿠버' 클린 스쿠버
제 손으로
탐욕의 껍데기를 보듬고
조ㅅ타 무량청정 휘파람 휘~

라오스 기행

물소
물짜게 보지마라
적도 아래 적외선 깊숙이 침투되어
살아 육포 된지 오래,
질긴 육질은 분말스프
탄탄한 가죽은 슬리퍼에서 타이어까지

놀고 묵은 육우
고소소한 맛
보행禪 오체투지 고속질주 가능할까

뺏 골나게 일만 한 한우
바람 탈까
사람새끼 대리 엄마
젖소婦人

젖소
否認.

No! 게스트 하우스

물레방아 없어도
찰떡궁
방아 찧는다

육실나게 두들겨야 제 맛
동리 밖, 달랑 한 채
잠깐 세간살이

빨간 깃발로 On, Off
색시 섹스, 색깔 물들인다

라오스, 나 홀로 상상
세컨드 하우스.

주객전도

초등학교 앞 구멍가게
미명의 괴소리 내는 미니 자판기들
간이 평상 위 형형색색 봉지들

유혹에 못이겨 만원을 건네주고
간식으로 한 부디기 알롱달롱 색봉지 속
고무과자 찢어 발려, 쫄깃 씹는 맛
늙은 소, 배합사료 마다하리

거스름돈 받고나서야
우리 불량인간 됐다 하니
대기업의 식품위생 모두들 질타하는데

구시대 관념이 신세대 사고 앞에 당했다
영세상인을 죽일 뻔 했다
순간, 추억의 군것질이 세상을 바꾼다
나는 병든 소
병든 소는 곧바로 매장인가.

회개하기 전 회계

늦깎이 성악공부 할 때
아내가 차로 태워다 주던 교회길

붉은 벽돌의 성곽은 심장을 뜨겁게 달구고
여기저기서 눈빛 스파크가 퍼덕인다
모두가 사탄으로 보인다
아니, 내가 사탄인 듯
밀레의 만종에서처럼 고개 숙이고
집에서부터 상상예배가 시작된다

나의 신앙은
어항에 갇힌 붕어처럼 꿈틀거리지도 않은 채
입만 빼끔거리다가, 다가오는 잠자리채에 잡힐까!

주말, 두고 온 차를 빼러 일찍 교회주차장에 갔다
아내는 조찬으로 빵과 물을 건네주며
자식들을 위해 기도해 주세요! 하며 되돌아간다
성인이 되어 오랜만에 찾은 예배당,
자막의 가사 따라 성심으로 찬송했다

처음 대학의 교단에 섰던 30여 년 전
서양에서는 교회와 대학 간판이 내려진다고
총장이 역설 했지만
지금은 †가 죽순처럼 하늘을 찌르고 상아탑이 흔들린다

내일은 석탄절
백색 영가등 켜고
템플 스테이
석탄 스테이크 먹으러 가야겠다.

소

웃음 짓는 소
소견머리 없이 일만 한다

초식이지만 젖통은 만땅이다
소젖 우유이나 소유는 무쏘다

싸움 투牛 있으면 씨름 투友 있고
광란의 이쁜 美소, 살인 米소가 있다

물에는 물소
땅에는 물 먹인 소
어리석은 水태우
소 도둑님이었던가

美親 笑 아름답고 친절한 미소
미친 소, 쌀에 밑지고 친히 불태우
광우병은 소각이다.

노잣돈 No 노비 Yes

"구두 닦습니다"
푯말 옆에
"금니 삽니다"
반짝이는 뉴 서울거리

구두닦이 박스를 배경으로 한
황사 낀 수도 서울 풍경이
빛난다

화장터 금쪼가리
짭짤한 수입 말은 들었지만
금니 빼서 서울 나들이는 또 무엇인가
입술이 생피리 분다.

예고~삭발

백양 산양 들 판양
도량 아닌 도박장
화두 아닌 화투선방

불문하고 들이닥친 불똥
속 쑥 들이댄 후레쉬 발광에
떼중 대가리 광빨 불야성

도리짓고 땡~중들
염주팔찌에 쇠고랑 포승줄-줄
혼비백양 경관사찰 좋아 부러

죽책에 사고 주지
책망 듣고 떠나는 곳
도량처가 비구니 도량
돈주지 돈바구니 주지

백양 사 주지
고도리로 고슴도치 사라
오 곡차 육보시에 쌕스 폰 연주

염주 포도알 익어가네
포도청-청으로

연

멀리 높이 줄 타는 연이
하늘 무서운 줄 모르고
꼬리 친다

아무리 하늘 높이 올라간 연도
살아있는 모든 새가 지상으로 내려 오듯
지상을 떠나지 못하는데

요리조리 기웃거리다가
치솟은 연도 한때의 일일뿐
언젠가 연 줄 끊어지면
굽실굽실 풀 죽은 듯
꼬리 접고 떨어지는 연

어떤 연은
호랑가시나무에 걸려
팔랑거리다 연못에 빠지기도 하고
어떤 연은

오르지 못하고

바람에 찢어지기도 하는데
푸르른 하늘을 오르기 위해
안간힘을 쓰는
젊은 연들이 무섭다.

보지도보체지도마

정숙한 바른 톤 교수
찬사 받아야
경이롭고 경하에 맞이한다
교장 쌤통과
수석돌고문, 上고문간, 특고문, 女성고문
& 女회장단이 항상 그를 보위한다. 나 아
성불구하고
악을 쓰던 지난 날
아 악 쓰니
카리스마 만 더 했다
데미지가 컸다
미성 아닌 육십의 육쉰소리
스스럼에 S마일S 스치는 S트레S
쿨 하면서 열기로 목 조아르나 정교수!

밸라도~ 통배 나온 채 담배 솔쏠~
라쏠레미 오~
보헤미안 해 보헤미안 족해~

체지방

만지지도 마 마媽 嗎
세상 사는 게 물 따라 질 따라가는 거지 뭐.

*정찬경 : 성악가, 광장음악회 단장

평화의 불!

3 卍--卍--卍--卍--卍--卍--卍--卍--卍--卍--卍--卍--卍--卍 8
卍--卍--卍--卍--卍--卍--卍--卍--卍--卍--卍--卍--卍--卍--
卍--卍--卍--卍--卍--卍--卍 禪 卍--卍--卍--卍--卍--卍--卍

뫼 절로 물 절로 나 절로
철조망에 걸린
금강산 乾鳳寺

반세기만에
민통선 안에서 釋放되던 날
태극기 펄럭이는
동부전선 호국도량

부처님 치아사리가 모셔진 적멸보궁
추녀 마다 세 개씩 매달린 풍경들
바람결에 들려주는 화음은
무 자 비 한!

조류로부터 보호,
총소리 포격소리 덩달아 맞장구 치는,
아니,

잠든 사원 깨우지 말기

念佛萬日會의 시원
비목의 염원은 새벽을 깨고
통일을 열망하는 목탁소리
철조망에 가시불꽃 피웠다.

전출명령

바다에서 나라를 지켰는데
영국군 주둔지였던
거문초등학교의 이순신,
학교를 지키는 것일까
어린이를 지키는 것일까

거북선 등판에 녹슨 못창들은
읍소라도 하듯 굽실거리고
장군의 닫힌 칼
다행히도 왼손 지팡이 삼아
우두커니 짚고 서 있는,
400년전 죽었지만
수십년째 학교를 지키는
이순신 장군
38선으로 전출시켜야겠다.

데모크라식 종

구 도청 앞
尙武館 옆 구리
'민주의 종'
꽁꽁 묶여 있다

신문고에 난타 당한 후
금 간 종은 보수되어
오월의 상흔을 안고
禪 채로 매달려 목메인다

역사 앞에 침묵하는
종각은 묵언선방
가랑비에 휘파람 소리만
금남로에 내려 앉는다

아시아문화전당 개막에 맞춰
취악대 반주에
장엄한 범종 장구한 포효
빛고을
卍 방에 메아리 울리리.

이 아파트

저 아파트
위층
아래층
숨은 듯 사이좋게 지낸 이

18 28호
이팔청춘 사랑하다 지붕으로 재금나니
38 48호
까치 따라 갔지

한 라인에서
큰 엄니 작은 엄니 오돌오돌 맷돌 같았지
먼저 작은 엄니
나 이아파요하니 흡치공事 리모델링했지

이젠 큰 엄니 치래야 한다
철모른 시절, 품에 안겨 엄니 꼭지 깨문 이
하나 둘 떠나고
빈 방에 새 들어온 In프란트

흡치공使, 이빨 가는 이
송곳 니로하여금
꼭 지켜라!
다문화 人프란트

뭬야! 우소?

앞이라지만 아피라 할 수 없고
옆이라지만 女피人 듯 뒤人 듯

아리송 해
해 쌀처럼 눈부신 파장
착시 아닌 형이上학적반下장

화조뱀 똬아리 틀고 날갯짓
꿈틀 춤추는 꿈나부 그 무엇?
볼수록 매력이 매혹을 더하고
의혹이 유혹을 낳으니 혹심이 유감이다

잡을 수 있을까
그릴 수 있을까
뫼비우스 띠 풀어
이상시를 찾아 시상에 올려본다

뭬 비우서 흐 응
뭐 비우소 또 응
머 해우소 으 응
!
!

!

똥

無心는다

하늘로 크는 無
땅이 척박해서만이 아닐 것이다
무욕의 무심함이 켜켜나이 느는 곳
無心이 무심는 곳
그 곳이 정녕 제주만이 아닐 거이다

바닥이 싫어 하늘로 솟은 무
검은 현무암에 걸러진 단초한 맛
냄비 바닥에 검게 눌어 붙어
바다의 비린 맛을 돋우기도 하지만

방사선 오염으로 해물이 안 팔리니
덩달아 소용 없어진
무밭의 無心을 무심코 뽑아본다

바람 맞은 제주 무
육지 온 들 바람 든 무
무슨 소용 있으랴

그래도 오늘도 무덤덤하게 천지사방에

무 심는다

無心을 향해 무 심 는 다

군산

무리들이 나열된 오뚝이, 뫼
근대도시 건달, 물
사열이라도 받듯이 도열되어 있다

부둣가 뱃머리에
폐 타이어 짝 두르고 기다리는 전마선
철, 썩이는 물거품, 만 철썩댄다

驛舍의 칙칙소리는 폭잠들어
푸른 전함의 근대역사박물관에 포로된 채
육지에 정박한 잔재 실은 괴물, 선
뱃고동이 막힌다

갈매기 끼까끼까 바닷바람에 먹히고
영화 세트장 같은 군더더기
군, 더더기, 산
안 보인다. 군산의 청산은

|해설|

전통적 정서와 형식의 새로움

-조규춘의 시집 『공수래 병수거』를 중심으로

강 경 호
(문학평론가)

1.

조규춘 시인의 시집 『공수래 병수거』는 가족애 · 현실비판 · 메타시 · 자연 · 생명성 · 정신성 · 에로티시즘 등 다양한 경향의 시세계가 시인의 심안(心眼)이라는 프리즘을 통과하며 자신만의 세계를 이룬다. 이 중에서도 특히 두드러지는 것은 가족애 · 자연 · 현실비판 · 메타시 등의 경향을 보여주는 것들이다.

가족애를 주제로 한 시편들이 가장 많이 출현하는데, 유년을 회억하는 것과 이미 고인이 된 가족에 대한 애틋함과 그리움을 드러내고 있다. 또한 현실의 모순에 대해 비판적인 시각을 보여주는 시편에서는 탐욕으로 빚어지는 오늘 우리의 모습과 생명성의 위해에 대해 관심을 보여주고 있다.

한편 이번 시집에서 시인의 시적 세계관을 보여주는

메타시들이 여러 편 있어 관심을 끈다. 이는 시창작 과정의 지난함과 시에 대한 시인의 생각을 엿볼 수 있는 단서가 된다.

지금까지 시인은 많은 시창작을 해 왔다. 수백 편에 이르는 그의 시편들은 전통적 서정시의 울타리를 넘는 것이 많다. 물론 이번 시집은 내용적인 면에서 전통적 서정시의 굴레를 벗어나지 않은 것들이지만 앞으로 선보일 그의 다양한 시의 스펙트럼은 형식의 생경함을 보여줄 것이다.

대학에서 공예가구를 가르치는 교수가 가질 수 있는 조형적 상상력이 시에 전이되었기 때문일까. 예를 들어 문자와 기호의 배열로 기상천외한 시각적 이미지를 낳기도 하며 전혀 새로운 의미를 배태하는 이른바 구체시, 사진과 시어의 조합을 보여주는 디카시, 한문과 한글이 한 낱말에서 어울리며 연출하는 낯섦과 어색함의 미학, 동음이어를 적절하게 이용하는 시적 기발함, 때로는 한문을 파자하여 새로운 의미를 생산하는 다양함은 그가 전통적 서정시만을 쓰는 시인이 아니라는 것을 말해준다. 그러나 그가 처음 펴내는 이번 시집은 비교적 기존의 시문법에서 크게 일탈한 것들이 없다. 하지만 앞으로 선보일 시편들은 독자들을 어리둥절하게 할 것이다.

물론 앞에서 설명한 시의 실험성은 앞서서 여러 시인들이 실천했던 것이므로 크게 놀랄 일은 아니다. 그럼에도 다양한 실험정신을 통해 언제나 새롭고 낯선 것을 탐구하고자 하는 예술가적 기질을 잘 보여주고 있어 앞으로 그 귀추가 주목된다.

2.

가족애를 탐구한 시편에서는 할머니, 어머니, 아버지가 등장한다. 이 시편들에서는 돌아가신 아버지와 어머니에 대한 그리움과 기억을 불러오거나 일반적인 가족에 대한 관념을 시인 나름대로의 해석한다.

봄날,
아부지 아부지!
아버지는 아버지를 두 번 부르고
끊득! 끊듯 하셨다

아버지!
이젠 편히 쉬십시오
내가 아버지를 두 번 부르자
마침내 기나긴 강물 같은 아흔두 해의 생을
끝득! 끝 득도 하시는지
미동조차 멈추셨다

종달새 하늘 높이 울어대는 선영
산벚꽃 울창한 선산
어머니 곁에 모시고 돌아오는 길

!지버아 지버아

먼 산 메아리 매아리스리 친다
문득, 아들이 나를 부르는 것 같다.

-「메아리」 전문

아버지의 임종과 선영에 모시는 과정을 그린 이 작품은 화자의 아픔이 행간에 각인되어 있다. 때는 봄날이어서 만물이 기지개를 펴는 계절이지만 아흔두 살의 아버지는 오래 전에 돌아가신 자신의 아버지를 두 번 부르고 "끊득! 끊듯" 숨을 할딱인다. 이윽고 화자가 "아버지!/이젠 편히 쉬십시오" 하고 아버지를 두 번 부르고 세상을 떠나고 만다. 그리고 미동조차 하지 않은 아버지의 모습을 화자는 "끝득! 끝 득도 하시는지"라고 표현한다. 조규춘 시인의 시 형식에서 자주 나타나는 이 표현방법은 언어의 유희를 떠나 일정부분 시작품에서 성공적으로 작용하기도 한다. 즉 "끝득!"은 마지막 숨을 놓는 모습일 것이고 "끝"은 죽음을 나타내는 표지일 것이다. 그리고 "득도 하시는지"는 죽음으로 삶을 완성했으니, 아버지의 아흔두 해의 삶은 "득도"에 이를 것이라는 화자의 인식이 깃들어 있다. 이처럼 조규춘 시인의 시는 지금까지 보아온 전통적인 서정시의 형식과는 차별되는 묘사가 그의 시집 전편에서 자주 출몰한다.

화자는 돌아가신 아버지를 "산벚꽃 울창한 선산/어머니 곁에 모시고 돌아"온다. 그때 화자의 귀에 "!지버아지버아" 하고 메아리가 들려온다. 그 소리가 마치 화자의 아들이 부르는 것처럼 들리는 것은 아버지의 아버지가 돌아가시고, 아버지가 돌아가셨듯이 화자 역시 언젠가 선산에 묻힐 것이기 때문일 것이다. 이 작품은 인간은 누구나 죽음을 피할 수 없는 것임을 말함과 동시에 생명의 고리가 대를 이어 영원하다는 것을 말해준다.

할머니 묵은 된장독 가운데 모시고
어머니 고추장독에 굴비 묻고 있는 그곳
작은 항아리들
삐쭉날쭉 고개 내민다

아버지 금간 장독, 동여매어 나가시고
할아버지 김칫독, 일찍이 땅에 묻히신 듯

이마에 주름살 두르고
둥글게 둥글게 굴렁쇠 문양
손가락 붓으로 그린 얼굴들

여전히 빈집 지키며
환하게 웃고 계시는 곳
장독 뚜껑을 열면
묵은 시간의 그늘 속에서
얼 비치는 조선간장 빛 그리움

-「어머니의 장독」 부분

「메아리」에서 보았듯 조규춘 시인은 생명의 고리에 대해 깊이 사색을 한다. 「어머니의 장독」에서도 할머니,

어머니로 이어진 가계의 연속성과 더불어 어머니에 대한 그리움을 드러낸다. 화자는 "허물어진 흙담 아래"에서 "햇볕 품고 따끈해진 가족"을 바라보고 있다. 여기에서 "가족"은 장독대에 옹기종기 모여있는 항아리들이다. "할머니 묵은 된장독 가운데 모시고/어머니 고추장독에 굴비 묻고" "작은 항아리들/삐쭉날쭉 고개 내" 밀고 있는 모습이 영락없이 삼대가 정겹게 모여있는 가족의 모습이다. 그러므로 이 작품은 장독대의 항아리들을 '가족'의 모습으로 의인화 시키면서 가족의 모습으로 오버랩된다. "할아버지 김칫독, 일찍이 땅에 묻히"고, "아버지 금간 장독, 동여매어 나가"신 모습 또한 세상을 살다 간 할아버지와 아버지의 모습이다. 항아리들을 자세히 바라보면 "이마에 주름살 두르고/둥글게 둥글게 굴렁쇠 문양/손가락 붓으로 그린 얼굴"도 우리네 아버지들의 모습을 닮아있다. 이렇듯 할아버지나 아버지를 닮은 장독대의 항아리들은 "여전히 빈집 지키며/환하게 웃고" 있어 "장독 뚜껑을 열면/묵은 시간의 그늘 속에서/얼 비치는 조선간장 빛 그리움"이 느껴진다. 그래서 화자가 "작은 종지기에 정한수 떠 올리면/어머니, 그곳에 정좌해 계신다." 이미 이 세상에 안 계신 어머니지만 장독 항아리를 반질반질 빛나게 닦거나 된장, 간장, 고추장을 떠오던 생전의 어머니가 떠오르기 때문이다. 진한 가족애가 사무치게 그려진 이 작품은 항아리들에서 할아버지, 아버지, 어머니의 추억을 떠올리며 가족의 의미를 다시금 생각하게 한다.

가족의 의미와 사랑을 형상화시킨 작품으로는 「연필」, 「아버지의 순례」, 「누 가」, 「심지꽃」, 「능금나무 그늘」, 「감」, 「트라이앵글」이 있다. 「연필」은 아버지 어머니를 연필로 묘사하면서 자식들은 부모가 낳은 자식이이서 "때로 뚝 부러지면 아프게 몸을 깎아/삐뚤삐뚤 글을 써나가고/푸른 언덕 위에 무지개도 그리곤 했다"고 진술하고 있는데 연필로 꿈을 그렸다는 상상력이 재치가 있다. 「트라이앵글」 역시 가족의 의미를 깊이 생각하는 시편으로 가족을 삼각형의 관계로 살피고 있다. "나와 아내는 밑변이 되고/아이들이 밑변을 주춧돌 삼아/머리 맞대고 좌우 기둥이 되면/경쾌한 트라이앵글 연주가 시작된다"는 진술에서 보듯 가족이란 서로에게 의지하는 관계이다. 이 작품의 저의에는 요즘 세태의 부조화를 우려하는 시인의 마음이 깃들어 있다.

이밖에 「아버지의 순례」에서는 자식들 집을 일일이 순례하는 아버지는 지금은 세상을 떠나 저승에서 셋째 아들을 만나고 있을 것이라고 하고, 「누 가」에서는 우물에서 물을 담아 머리에 이고 오던 어머니에 대한 회상, 「심지꽃」에서는 침침한 불빛 아래에서 "알밤 각치는 아버지" "멥밥 짓는 어머니"를 떠올린다. 살펴본 것처럼 시인의 애틋한 가족애가 돋보인다.

3.

"시는 자연을 모방한다"고 한 아리스토텔레스의 말처럼 예부터 자연은 모든 예술의 기원이며 텍스트였다. 자연의 생태적 특성을 인간의 삶에 비유하여 성찰하거나 통찰하고, 자연의 아름다움을 노래하기도 하였다. 그것은 자연이 변하지 않는 존재여서 뿐만 아니라 마음을 정화시키는 기제이기 때문이다. 오늘날에도 여전히 시인들은 자연을 노래하고 있다. 조규춘 시인은 이번 시집에서 탱자나무, 매화, 야생화, 수박, 소나무, 황칠나무, 동백, 그리고 달을 시로 형상화 하였다.

앞서고 뒤서고 밭고랑에 올라
두드린 덩실한 달덩이
만삭의 북소리
둥둥 산천을 울린다

손가락 장단에 내가 놀랜다
놀란 가슴에 꽉 보듬은 달덩이
너울진 넝쿨 풀어
쟁반 없이도 먹을 수 있을까

-「달 서리」 부분

아마 유년의 추억이 되새겨진 작품으로 짐작된다. 화자는 산기슭을 기어오른다. "화전밭 환히 내리 비추는 달"을 따기 위해서이다. 현실에서는 도저히 불가능한 일이지만 어린 마음에 산에 오르면 달에 가까이 다가갈 수 있어 달을 딸 수 있을 것이라는 생각이 들었는지 모른다. 장대 없이 달을 딸 수 있을 것이라는 생각도 해보지만 "밭고랑에 올라" 달을 두드린다. 달은 "만삭의" 보름달이어서 마치 북처럼 느껴졌던 것 같다. 그렇기 때문에 "북소리/둥둥 산천을 울린다"고 한다. 문인수 시인이 달을 북으로 표현하기도 하였지만 달을 서리하려는 동심으로 형상화하지 않았다. 조규춘 시인은 타악기 두드리듯 "손가락 장단"으로 연주하였다고 한다. 참으로 기발하고 흥겨운 상상력이다. 북을 두드리자 만삭의 북소리가 울려퍼지고 "놀란 가슴에 꽉 보듬은 달덩이"이라는 감각적인 표현이 보다 흥겨움이 실감나도록 하고 있다. 이쯤되면 눈치 빠른 독자는 달서리가 아니고 수박서리임을 알아챘을 것이다. "너울진 넝쿨 풀어/쟁반 없이도 먹을 수 있을까"라는 대목이 이를 증명한다. 그런 까닭에 "보기만 해도 환환 보름달"이라고 노래할 수 있었던 것이다. 동심으로 '달'과 '수박'을 동일화시킨 시인의 상상력이 돋보인다.

무등산 기슭 화엄마을,
큰 어르신
품안에서 자란지 500년
둘이서 양팔 벌려 꽉 껴안으니 만땅이다
나이 들수록 속이 허해지는 법인데
애간장 태운 인고의 세월
허투르게 버리지 않고
화엄에 들려는지
켜켜나이 실한 정신 쌓였다

비바람에 꺾인 가지의 상처 아물었지만
눈물처럼 흘린 송진 견고하게 굳었다
부풀어진 몸뚱이 속은 알차고,
창공에 내민 푸른 정신 그늘을 드리우고
붉은 빛의 몸매 실하니
무등아래 더욱 빛이 되어
환환하다.

-「큰 소나무」 전문

무등산 기슭 화엄마을에 500년 된 소나무가 있다. 화자는 소나무를 "큰 어르신"이라고 호칭한다. 오랜 세월 동안 마을의 수호신처럼 여겨왔기 때문일 것이다. "둘이서 양팔 벌려 꽉 껴안으니 만땅"이 되는 커다란 이 소나무를 마을사람들이 어떻게 생각하고 있는지를 짐작할 수 있다. "나이 들수록 속이 허해지는 법인데" "화엄에 들려는지/켜켜나이 실한 정신"의 부피가 "만땅"으로 나타난 것으로 이해해도 무방할 것이다. 이는 소나무가 "애간장 태운 인고의 세월/허투르게 버리지 않고" 살아왔기 때문에 "실한 정신" 세계를 보여주는 것이리라. 오랜 세월을 지내면서 "비바람에 꺾인 가지의 상처"도 숱하게 있었겠지만 상처를 극복하였기 때문에 "눈물처럼 흘린 송진 견고하게 굳었다" 고진감래라는 옛말처럼 고난을 극복하였기에 "몸뚱이 속은 알차고" 창공에 드리운 가지는 "푸른 정신"의 상징이 되었다. 그런 까닭에 흔히 볼 수 있는 소나무이지만 "무등아래 더욱 빛이 되어/환환"할 수 있는 것이다. 무릇 시인은 사물만 보는 것이 아니라 사물의 이면에 감춰진 의미를 읽어내는 사람이니, 조규춘 시인 역시 소나무를 통해 푸른 정신을 바라보는 것이다.

이밖에도 자연을 하나의 사물로만 인식하지 않고 내면에 감춰진 의미를 읽어내는 시인의 작품으로는 「每春」, 「남도 보게 꽃」, 「무등산 뉴 푸랭이」, 「대흥사 황칠나무」, 「애기동백」, 「감」, 「능금나무 그늘 아래」 등의 시편들이 있다.

「감」은 어머니를 위해 장대로 감을 따는 고향 정서를 드러내 보이고, 「능금나무 그늘 아래」는 "마당가/다 익은 능금나무"를 통해 지금은 사람이 살지 않는 고향집에서의 추억을 되살리고, 「무등산 뉴푸랭이」는 비닐하우스에서 자란 무등산 수박이 슈퍼 우량아로 자라지만 그 옛날 자연에서 자란 무등산 수박을 그리워하고 있다. 또한 「애기동백」은 애기동백에 벌 나비가 찾아오지 않아도 당당히 꽃을 피우고 열매를 맺고 있음을, 「대흥사 황칠나무」에서는 욕망을 비운 뒤의 기쁨을 노래하고 있으며, 「남도 보게 꽃」에서는 삶의 의지를 노래하고 있다.

이처럼 조규춘 시인의 자연을 노래한 시편은 자연을 통해 인간의 삶을 탐구하고 있다.

4.

시의 효용성 중 중요한 하나는 현실의 모순과 부조리를 비판하는데 있다. 현실이 모순으로 가득 찼는데 팔짱을 끼고 있다면 그 시인은 시인의 책무를 방기하는 것이 된다. 궁극적으로 시가 이르고자 하는 지점이 '정의롭고 인간다운 삶을 살 수 있는 세상'을 지향하는 것이라면 시인의 용기는 변혁을 꿈꾸어야 할 것은 당연한 일이다. 조규춘 시인 역시 현실의 모순과 부조리함에 대해 외면하지 않는다.

"구두 닦습니다"
푯말 옆에
"금니 삽니다"
반짝이는 뉴 서울거리

구두닦이 박스를 배경으로 한
황사 낀 수도 서울 풍경이
빛난다

화장터 금쪼가리
짭짤한 수입 말은 들었지만
금니 빼서 서울 나들이는 또 무엇인가
입술이 생피리를 분다.

-「노잣돈 No 노비 Yes」 전문

자본주의 시스템으로 가동되는 사회에서 자본은 생명과 같다. 그러다보니 대부분의 사람들이 자본에 대한 욕망을 갖게 되는 것이 현실이다. 서정시는 이러한 인간의 욕망으로 인해 저질러지는 온갖 폐해에 대해 성찰하거나 질타한다. 길을 가다보면 구두수선소 박스 앞에 "구두 닦습니다"라는 문구와 더불어 "금니 삽니다"라고 글이 써 있다. 화자는 길을 가다가 구두수선소 박스 벽에 걸린 "금니 삽니다"라는 문구를 보고 "반짝이는 뉴서울거리"라고 빈정거린다. 어찌보면 보잘 것 없는 구두수선소에서 인간이 가장 탐욕스럽게 생각하는 자본의 상징이랄 수 있는 금을 사겠다고 하니 비아냥거리는 말로 서울 거리가 반짝인다고 말하는 것이다. 그런 까닭에 "구두닦이 박스를 배경으로 한/황사 낀 수도 서울 풍경이/빛난다"고 하였을 것이다. 즉 "황사 낀 수도 서울"은 단순히 기상현상으로만 나타내지 않고 "황사"가 암시하듯 맑지 않은 정신세계로 은유화시킨 것이다. 물질적 욕망을 탐하는 사람들 중에는 사람이 죽어 마지막으로 가는 화장터에서조차 망자의 금니를 훔쳐 "짭짤한 수입"을 본다는 것이다. 또한 사치를 하기 위해 제 몸의 일부라고 할 수 있는 금니를 빼고 "입술이 생피리를" 부는 모습을 분수를 넘어선 사치가 아닐 수 없다. 화자는 이러한 세태를 지적하고 있는 것이다.

한편, 조규춘 시인은 인간이 소비하고 버린 쓰레기가 환경을 오염시키는 모습도 놓치지 않고 독자들에게 성찰을 요구한다.

빈 손으로 왔다고요
빚지고 왔지요

탐라도 문섬과 새끼섬
탐나서 모인 水킨 수쿠버

재주부리는 또 다른 바람
조류 속의 조루 파도
지난날 탐욕으로
내가 버린
서귀포 해안에 수장된

소주병 맥주병 코카콜라 病
가득 채워진 뻘 펄
바다 흑맥주에 혹진주다
-「공수래 병수거」 부분

인간은 누구나 태어날 때 빈 손이다. 이 세상을 떠날 때도 마찬가지로 아무것도 가져갈 수 없다. 그것을 '공수래공수거(空手來空手去)'라고 한다. 그런데 화자는 '공수래 병수거'라고 한다. 사람들이 먹고 버린 쓰레기, 특히 병을 걷어들여 환경을 깔끔하게 한다는 의미를 부여한 까닭이다. "빚지고 왔"다고 말하는데, "지난 날" "소주병 맥주병 코카콜라 병"을 버렸기 때문이다. 그런데 술병들을 병(甁)이 아니라 병(病)이라고 한다. 함부로 소비하고 남은 쓰레기를 버린 행위를 병(病)으로 인식하고 있다는 뜻이다. 서귀포 해안에 수장된 욕망의 쓰레기들을 치우기 위해 스킨 스쿠버들은 바다에 뛰어든다. 그런 화자는 "해양문화탐사대"원이라고 밝히고 있는데, 이 작품에서 "탐욕의 껍데기를 보듬고" "무량

청정"의 세계를 지향하고 있다.

조규춘 시인이 살펴보는 우리 사회의 그늘은 다양하다. 한때 떠들썩하게 뉴스거리가 되었던 도박하다 들킨 스님들의 타락을 「예고~ 삭발」, 아이들이 먹는 음식을 불량식품으로 만들어 파는 대기업의 행태를 질타하는 「주객전도」, 우주에서 떨어진 운석이 돈이 된다고 하자 운석을 주으러 다니는 사람들의 탐욕을 꾸짖는 「똥이 돈벼락」, 소에 물먹여 팔거나 광우병 걸린 소를 소각시키는 인간의 비정함을 지적한 「소」를 통해 인간의 탐욕과 비정함을 고발하고 있다. 「까치」에서는 문명의 이기인 스마트폰 카톡을 이용해 진정성이 없는 마음으로 정월초하루가 되면 시도 때도 없이 안부를 묻는 세태를 지적하고 있다.

5.

조규춘 시인의 시집에서 특히 눈에 띄는 시적 경향은 메타시이다. 시인이 시(詩)를 어떻게 이해하고 생각하는지, 그리고 창작과정의 한 모습을 보여주고 있어 그의 시가 어떻게 배태되는 지를 짐작하게 해준다. 주지하다시피 메타시는 앞에서 말한 시에 관한 시인의 생각을 시로 형상화 한 시로, 시인이면 한두 편의 메타시를 남긴다. 그런데 이번 시집에는 여러 편의 시를 노래한 시가 있어 그가 시에 대한 생각을 많이 하고 있음을 유추할 수 있다.

시집 속에는 대중목욕탕이 있다
시를 만나면 때밀이가 되는데
시인의 얼굴은 과묵하고 준엄한 표정
먹이를 겨냥한 매의 눈처럼 예리하고 날카롭다
시인의, 진짜 얼굴을 보니
들꽃을 보는 듯
자연그대로의 꽃이다
세상은 술취했어도
현란한 몽타주나 몽상으로 각색했어도
세탁을 마친 옷처럼
세례를 받은 아이처럼
대중목욕탕에서 막 나온 듯
관상도 볼 수 없는
분장할 수도 없는
시인의 얼굴.

-「시인의 얼굴」 전문

조규춘 시인이 시를 어떻게 이해하는지, 그래서 장차 그의 시적 경향을 짐작해 볼 수 있는 작품이다. "시집 속에는 대중목욕탕이 있다"고 한다. 주지하다시피 대중목욕탕은 누구나 이용할 수 있는 생활공간이다. 이곳에 가는 이유는 몸과 마음을 깨끗이 씻고자 함이다. 아무것도 걸치지 않은, 즉 가식적이지 않은 알몸의 상태이다. 이곳에서 "시를 만나면 때밀이가 되는데" 그저 몸만 닦는 것이 아니라 마음가지 정화하는 것이 '시'이며 시인이라는 것이 그의 생각이다. 다시 말해 시는 더럽

혀진 몸과 마음을 정화하는 수단이라는 것이다. 그러므로 대중목욕탕으로 은유화 된 '시집' 속에는 시인의 얼굴이 투사되어 있다.

한편 시, 또는 "시인의 얼굴은 과묵하고 준엄한 표정"이다. 함부로 발설하지 않으므로 시인은 허투른 수다쟁이가 아닌 것이다. 그러면서도 시인은 "먹이를 겨냥한 매의 눈처럼 예리하고 날카롭다" 이는 사물을 바라보며 해석하는 시인의 정신세계가 매우 진지하다는 뜻이다. 시인의 얼굴은 이뿐만이 아니다. "들꽃을 보는 듯/자연 그대로의 꽃이다" 가공하지 않은 순수함을 간직한 것이 시인, 혹은 시인의 얼굴이어야 한다는 것이 조규춘 시인이 생각하는 시인 것이다. 그러므로 시인은 "세상은 술취했어도/현란한 몽타주나 몽상으로 각색했어도/세탁을 마친 옷처럼/세례를 받은 아이"의 모습이 시인의 얼굴이라는 인식은 "대중목욕탕에서 막 나온 듯/관상도 볼 수 없는/분장할 수도 없는" 얼굴을 하고 있는 것이다. 세상이 아무리 혼탁해도 그것을 바라보는 시인의 마음은 자연의 모습을 지니고 세상을 정화시켜야 한다는 것이다.

위의 작품이 시, 또는 시인의 얼굴을 해석한 것이라면 다음의 「시평회 한 접시」는 말 그대로 시창작을 공부하는 조규춘 시인이 시합평회에서 느낀 합평회의 분위기를 통해 자신이 생각하는 시에 대한 이해를 조심스럽게 드러낸 작품이다.

만찬에
만담이 멋으로 사로잡으니
만찬이 말 참이다
참말 고운 말, 잔말 미운 말
나我 난亂말 해도 웃어대긴 시종일眡

배짱이 배고플 망정
노 교수의 노련한 노망스, 논스톱~論
조련사 조타수 좋을詩句

시평회는 씹고 씹어도
만원에 만찬이다
개평도 배가되는 만땅
회 한 접시 추가.

-「시평회 한 접시」 부분

시 합평회 시간에 누군가의 작품에 대해 자신의 견해를 드러내는 것을 식사시간으로 비유하고 있는 이 작품은 "참말 고운 말, 잔말 미운 말"을 해대면 "시종일 " 웃어대긴 하면서 시에 대한 열기가 허기질 정도로 극대화된다. "배짱이 배고플" 정도인 것이다. 그리고 "노 교수의 노련한 노망스, 논스톱~論"이 펼쳐진다. 말하자면 학생들의 난타전이 끝나면 이를 교수가 마무리하는 것이 일반적인 시창작반의 풍경이다. 앞에서 살펴본 것들은 우리가 다 아는 상식적인 시합평회의 모습이다. 그런데 화자는 "시평회는 씹고 씹어도/만원에 만찬이"라는 매우 긍정적인 사고를 드러내고 있다. 뿐만 아니라 만찬이라는 식사시간으로 비유한 시합평회가 유익했으므로 "개평도 배가되는 만땅"이니 시창작에 대한 화자의 지적 호기심은 "회 한 접시 추가"이다. 이 작품은 즐거운 식사를 하듯 시합평회를 즐기면서 시창작의 즐거움을 만끽하려 하고 있다.

이 외 메타시 성격의 「시인」, 「시 익어가는 시」 등이 있는데, 「시 익어가는 시」는 풍요로운 가을이 되어 "과수가 상큼/과실은 달큼"하게 익어가게 되니 "시상이 명쾌"하고 "싱싱한 과일 빛 그윽한 향기"가 나고 "요상한 魔 앗!", "사탄 사과맛"이 난다 하며 식상하고 평범한 시 보다는 참신하고 개성있는 시를 쓰겠다는 생각을 보이고 있다.

조규춘 시집
공수래 병수거

2016년 4월 20일 인쇄
2016년 5월 5일 발행

지은이 | 조 규 춘
펴낸이 | 강 경 호
인쇄 · 기획 | 도서출판 시와사람
등록 | 1994년 6월 10일 제 05-01-0155호
주소 | 광주시 동구 백서로 125번길 32-5(금동)
전화 | (062)224-5319
팩스 | (062)225-5319
E-mail | jcapoet@hanmail.net

ISBN978-89-5665-458-4 03810

값 10,000원

· 지은이와의 협의로 인지를 붙이지 않습니다.
· 잘못된 책은 바꾸어 드립니다.

공급처 ■ 한국출판협동조합
경기도 파주시 탄현면 오금로 30
주문전화 (02)716-5616, 070-7119-1740